BILDRIKET

En konstbok för unga

BILDRIKET

En konstbok för unga

Rosie Dickins

Illustrationer av Philip Hopman
Översättning av Ulrika Junker Miranda

ORDALAGET
BOKFÖRLAG

Innehåll

Föregående sida visar en del av *Näckrosor* av Claude Monet.
Du kan se hela bilden på sidan 52.
Målningen på första sidan är *Hovdamerna* av Diego Velásquez.
Du kan ta reda på mer om den på sidan 20.

Om boken

Det finns hundratals berömda målningar från hela världen som människor känner igen och beundrar av många orsaker. Det är omöjligt att säga vilka som är bäst eller mest kända – det kommer alltid att finnas olika åsikter om det.

Avsikten med den här boken har inte varit att skapa en konsthistoria. Vi vill att du ska stanna upp inför bilderna och titta lite noga. Vad berättar de egentligen?

Vi har valt ut några få målningar – 35 stycken som är ordnade efter tid. De hör till många olika perioder och stilar. När du ser på dem kanske du upptäcker vilken sorts målningar just du tycker bäst om och väljer egna favoriter.

Här är en detalj från målningen *Solrosor* av van Gogh – ett av de konstverk som finns i boken. På sidan 42 kan du se hela bilden och ta reda på mer om den.

Se mer

Alla målningar i boken finns att se i konstgallerier eller på museer på olika håll i världen. Om du besöker dessa platser får du se de riktiga målningarna. Du kan också titta på konstverken – och många, många andra bilder – på museernas och galleriernas hemsidor på Internet.

Arnolfinis trolovning

av Jan van Eyck
Belgien, 1434, olja på pannå (träskiva), 82 x 60 cm

Bilden från 1400-talets början visar en förmögen bankman, Giovanni Arnolfini, och hans fästmö. Det är en av de första bilder som målades med oljefärger och den är förvånansvärt naturtrogen. En del detaljer är så små att konstnären måste ha arbetat med förstoringsglas när han målade av dem.

Bröllopsdagen?

Paret Arnolfini var säkert varmt troende, för bilden är full av religiösa symboler. Dit hör radbandet bredvid spegeln. Radband användes för att räkna böner medan man bad. Det enda brinnande ljuset i ljuskronan i taket är en vanlig symbol för Guds närvaro. Vissa tror att detta är en bild av ett bröllop och kallar den *Arnolfinis bröllop*. Herr Arnolfini lyfter sin hand, ungefär som om han ger ett viktigt löfte. I själva verket hälsar han antagligen bara sina gäster välkomna.

På den här detaljbilden av spegeln på väggen ser man att två personer som är på väg in i rummet speglas. Den ena är nog konstnären själv. Du ser honom på självporträttet till vänster.

Jan van Eyck år 1433

Att måla med ljus

På 1430-talet hade oljefärgerna just uppfunnits – men Jan van Eyck visste exakt hur de skulle användas. Han byggde upp färgeffekter i tunna, jämna lager för att skapa mycket fina skiftningar i nyanser, ytstruktur och ljuseffekter. Hans penseldrag är så små och tunna att de knappt syns.

Många dyrbara föremål visar att paret hade gott om pengar – alltifrån deras pälsbrämade kläder till den ståtliga ljuskronan.

Konstnären signerade sin bild på väggen ovanför spegeln. Där står på latin: *Jan van Eyck var här, 1434.*

Folk tror ofta att fru Arnolfini väntar barn, men det beror på att hon har en mycket vid kjol. Det var modernt på den tiden. Hon lyfter dessutom upp kjolens veck framtill.

Hundar finns ofta med på bilder för att symbolisera kärlek och trohet.

Våren

av Sandro Botticelli
Italien, ca 1482, tempera på duk,
2,03 x 3,14 meter – figurerna i målningen är nästan i naturlig storlek.

Den här målningen har fascinerat människor ända sedan den skapades, för över femhundra år sedan. Experterna är inte överens om vad den egentligen betyder, men det centrala ämnet är en hyllning till kärleken och våren. På bilden finns över 500 olika växter och blommor.

Bröllopsbild?

På målningen ser man Venus, antikens romerska kärleksgudinna. Hon härskar över en trädgård som är full av figurer från olika myter. (I texterna till bilden ser man vem som är vem.) Den italienske konstnären Sandro Botticelli utförde bilden till den mäktiga familjen Medici. Den kan ha varit en bröllopspresent. Målningens ämne, kärlek och pånyttfödelse, passade perfekt för ett sådant tillfälle.

Mannen med vingar på fötterna är Merkurius. Han var gudarnas budbärare. Han höjer sin stav för att fösa bort ett regnmoln.

Trion med dansande flickor kallas de tre gracerna. De är symboler för behag och skönhet.

Kärleksgudinnan Venus står i mitten, medan hennes son Amor svävar ovanför hennes huvud. Det påstods att Amor sköt pilar som gjorde att människor blev förälskade.

Lägg märke till inramningen av mörka löv kring Venus. Det gör att hon framträder tydligt mot bakgrunden.

Figuren med blåaktig hud och fladdrande kläder är Zefyr, vårvinden.

Zefyr griper tag i en nymf som försöker fly undan. Så fort han rör vid henne förvandlas hon till Flora, blommornas och vårens gudinna.

Det faller blommor ur nymfens mun – enligt myten hände detta så fort hon talade.

Det här är Flora, blommornas och vårens gudinna. Hon strör blommor på marken framför sig.

Sankt Göran och draken

av Rafael Sanzio (ofta bara kallad Rafael)
Italien, ca 1503–1505, olja på pannå (träskiva), 29 x 25 cm

Den dramatiska målningen från 1500-talet illustrerar den berömda berättelsen om Sankt Göran. Han slogs mot en drake för att befria en prinsessa. På den här tiden var historien mycket populär bland konstnärer och deras kunder. Rafaels version beställdes antagligen av en italiensk adelsman.

Konsten att berätta en historia

Scenen är mycket livlig. Draken vrider och vänder på sig och hästen stegrar sig. Göran höjer sin arm för att hugga till, och prinsessan springer iväg i bakgrunden. Hennes klänning fladdrar. Men trots spänningen och farten är bilden mycket noga arrangerad.

De disiga blå bergen i bakgrunden skapar ett djup i målningen.

Diagrammet visar hur de viktigaste figurerna har byggts upp till en pyramid.

Figurerna formar en pyramid, där Göran har den viktigaste platsen högst upp. Han lutar sig över draken, och hjälmen med plymerna gör att han ser längre ut. Det är lätt att föreställa sig att han kommer att döda draken med ett svardshugg.

Konstnären har blandat detaljer från olika otäcka varelser för att måla draken: Vingarna är taggiga, tassarna har skarpa klor och den ringlande stjärten påminner om en orm.

Göran har redan anfallit draken med sin lans.

Lysande vita ljusreflexer på Görans svärd och hjälm får dem att se blanka och metalliska ut.

En gyllene gloria strålar kring Görans hjälm. Den visar att han är ett helgon.

Mona Lisa

av Leonardo da Vinci (ofta kallad bara Leonardo)
Italien, ca 1505–1514, olja på pannå (träskiva), 77 x 53 cm

Ansiktet på bilden hör till världshistoriens mest välkända, men ingen vet riktigt säkert vem hon var. Det mest troliga är att bilden föreställer Lisa Giocondo, som var gift med en rik italiensk köpman.

Det mystiska leendet

Mona Lisas mystiska småleende fascinerar människor. Är hon glad, ledsen eller bara uttråkad? Hennes ansiktsuttryck går inte att tolka exakt, och det förändras beroende på varifrån man ser bilden. Leonardo använde en teknik som kallas *sfumato* för att skapa den effekten. Han gjorde medvetet hennes mungipor och ögonvrår en aning otydliga.

På närbilden syns de mjuka, suddiga skuggorna i Mona Lisas mungipor. Man ser också att det med tiden har bildats sprickor i färgen.

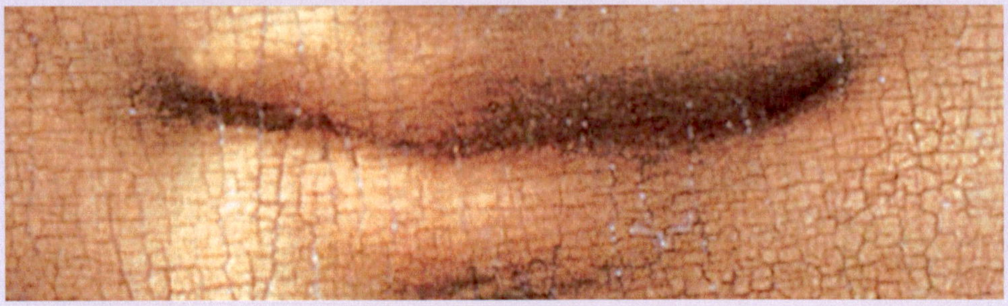

Konststöld

Leonardo arbetade i många år för att göra målningen färdig – röntgenbilder visar tre versioner under den bild som man ser nu. Leonardo skänkte tavlan till kungen av Frankrike, som hängde upp den i sitt badrum. År 1911 hamnade målningen i tidningarna. Då stals den av en arbetare som ville att den skulle komma tillbaka till Italien. Efter två år hittade man Mona Lisa inuti en resväska med dubbel botten och tog den till Paris, där miljontals människor ser den varje år.

Lägg märke till den florstunna slöjan över Mona Lisas hår.

För en modern betraktare ser det konstigt ut att Mona Lisa saknar ögonbryn. Men förr i tiden rakade eller plockade många kvinnor bort sina ögonbryn.

Man ser att landskapet i bakgrunden är dimmigt och blått. Effekten kallas för luftperspektiv och den gör att man uppfattar ett djup i bilden.

Man kan se vilken omsorg Leonardo ägnade åt olika detaljer. Titta bara på klänningens fina broderier!

Sixtinska kapellets tak

av Michelangelo Buonarroti (ofta bara kallad Michelangelo)
Italien, 1508–1512, fresk (vattenfärg på kalkputs), 13,2 x 40,5 m

För femhundra år sedan fick konstnären Michelangelo ett mycket svårt uppdrag: att dekorera hela innertaket i ett kapell i påvepalatset i Rom. Resultatet blev en imponerande serie religiösa scener, bland annat den berömda bilden av hur Gud skapar Adam.

Ett svårt uppdrag

Taket var så högt och brett att många tvivlade på att Michelangelo skulle lyckas. Till sist hade han fyllt hela taket med över 300 olika figurer. För att måla dessa låg han i fyra år på en ställning med huvudet i en snett uppåtriktad ställning medan färgen droppade ner i hans ansikte. Det var så ansträngande att han skrev dikter om det. Han använde en teknik som kallas freskomålning. Det betyder att man målar med färg direkt på fuktig kalkputs.

Den lidande konstnären

När taket var färdigt blev det en sådan succé att Michelangelo även fick i uppdrag att dekorera en av väggarna i samma kapell. Han täckte den med en hemsk vision av Yttersta domen i Bibeln. Bland alla demoner och fallna själar lade han till ett märkligt självporträtt.

Michelangelo avbildade sig själv som en ihålig skinnsäck – kanske för att påminna betraktaren om hur mycket han hade lidit medan han målade bilderna i kapellet.

Lägg märke till det lilla avståndet mellan Guds finger och Adams finger. Det bidrar till att skapa dramatik i den här ögonblicksbilden.

De verklighetstrogna, muskulösa kropparna visar att Michelangelo kunde mycket om människokroppen – han hade antagligen lärt sig det genom att undersöka döda människor.

Du kan se mer av taket på nästa sida.

Taket sitter hela 20 meter ovanför golvet. Lysande färger och skarpa konturer gör det lätt att se alla figurer nedifrån.

Hovdamerna

av Diego Velázquez

Spanien, olja på duk, 3,18 x 2,76 m – det betyder att personerna i målningen är ungefär i naturlig storlek.

Det här ovanliga porträttet ger en glimt av hur kungligheter levde till vardags. Man ser en ung spansk prinsessa, Margarita, som är omgiven av hovfolk och tjänare – bland annat konstnären själv. ”Hovdamerna” (*Las meninas* på spanska) är drottningens personliga tjänstefolk.

Spegelbilden

Vid första ögonkastet verkar det som om prinsessan står i centrum av bilden. De övriga figurerna är prydligt arrangerade omkring henne, och man ser tydligt hennes ljusa, vackra hår och klänning mot den mörka bakgrunden. Men om man tittar på prinsessans och flera andra figurers ansikten märker man att de tittar ut ur bilden, på någonting annat. Vad ser de för något?

Svaret finns i spegeln på väggen bakom dem. Där ser man ett par som övervakar scenen – kungen och drottningen. När kung Filip blev gammal ogillade han att få sitt porträtt målat, men konstnären hittade på ett smart sätt att få med honom och skapade en bild som föreställer prinsessan, men också hennes föräldrar.

Håll utkik efter röda partier i hela bilden. Prinsessan får till exempel en röd kopp på en guldbricka.

På konstnärens bröst sitter också ett rött kors. Det målade han förmodligen dit några år senare, till minne av en utmärkelse som han fick av kungen.

En liten hovgosse i röda kläder försöker väcka en sovande hund med sin fot.

Även om bilden är suddig ser man kungens och drottningens spegelbild där de står under ett rött draperi. På detaljbilden här syns de tydligt.

P·D·H·
A° 1658·

Gården till ett hus i Delft

av Pieter de Hooch

Nederländerna, 1658, olja på duk, 74 x 60 cm

Den här bilden är 350 år gammal och visar en vardaglig scen i den holländska staden Delft. Två kvinnor och ett barn står tillsammans mellan slitna tegelmurar, bland träföremål, slingrande växter och andra detaljer. Allt lyses upp av en mild eftermiddagssol.

Se hur ljuset som faller in från gatan tänder ett skimmer kring kvinnan inne i huset.

Titta efter konstnärens signatur. Den finns på en sten längst ned vid ingången till portvalvet.

Hem ljuva hem?

När bilden skapades var det modernt att måla husliga scener. Vissa tror att tavlan är en hyllning till det prydliga hemmet med rensopad gård, välskötta växter och en mor och hennes barn som båda ser nöjda ut. Andra tycker att den påminner om det instängda livet i hemmen: kvinnan i portvalvet står och tittar längtande ut på gatan, som om hon drömmer om världen därutanför.

Lägg märke till hur ränderna i valvbågen upprepas längre bort på bilden.

Det här diagrammet visar hur man använder perspektiv. Perspektivreglerna säger att parallella linjer (i blått på bilden) verkar närma sig varandra ju längre bort de befinner sig, ända tills de strålar samman vid horisonten (i grönt på bilden).

Att lura ögat

Bilden ser mycket verklighetstrogen ut – men de här byggnaderna fanns bara i konstnärens fantasi. Prydliga, sluttande linjer av tegelstenar och små glimtar av livet utanför portvalvet ger en stark känsla av rymd och djup. Konstnären använde en teknik som kallas perspektiv för att på sin platta, tvådimensionella duk skapa en illusion av verklig, tredimensionell rymd.

Självporträtt

av Rembrandt van Rijn
Nederländerna, 1661, olja på duk, 114 x 94 cm

Rembrandt van Rijn målade av sig själv hela 40 gånger under sitt liv och skapade den märkligaste svit av självporträtt som någonsin gjorts. Den här versionen visar honom vid 55 års ålder. Han ser gammal och sorgsen ut, men håller med viss stolthet upp sin palett och sina penslar.

Titta efter konstnärens verktyg – en fyrkantig palett, penslar och en lång "mahlstick" (målarsticka) som Rembrandt använde för att hålla handen stadig medan han målade.

Ljuset faller på huvudbonad och ansikte och styr vår uppmärksamhet ditåt, medan bildens nedre del löses upp i mörka skuggor.

Här ser man att ögonen har byggts upp av flera tjocka färglager. Det bidrar till att ge liv åt porträttet.

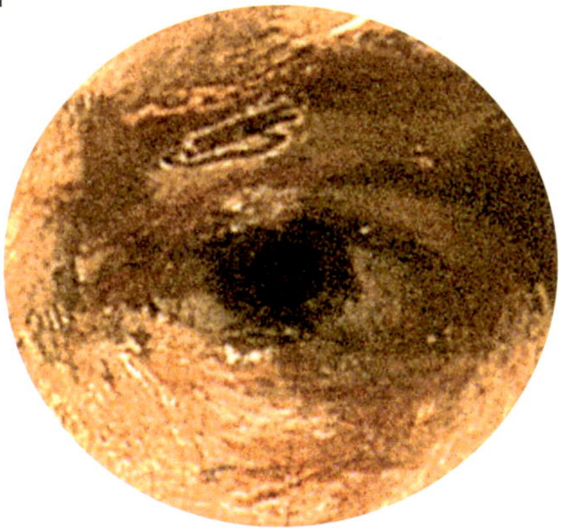

Ett ärligt utseende

Det är ett enkelt, okonstlat porträtt med dämpade färger. Rembrandt visar sig i sina vanliga arbetskläder – målarbarett och en varm rock. Och han drar sig inte för att måla av linjerna och rynkorna i ansiktet. Bakgrunden är enfärgad, där syns bara två mystiska cirklar. De kan vara halvklot som finns på en oavslutad karta, eller så syftar de på en berättelse om en annan och äldre konstnär, Giotto. Enligt den målade Giotto en perfekt cirkel för att bevisa hur skicklig han var.

Strimmor och färgfläckar

På nära håll ser man att bilden är uppbyggd av grova streck och fläckar av färg. Titta på handen som håller i paletten – man kan knappt urskilja fingrarna. Men om man tar ett par steg bakåt smälter alla streck och fläckar ihop till ett verklighetstroget porträtt.

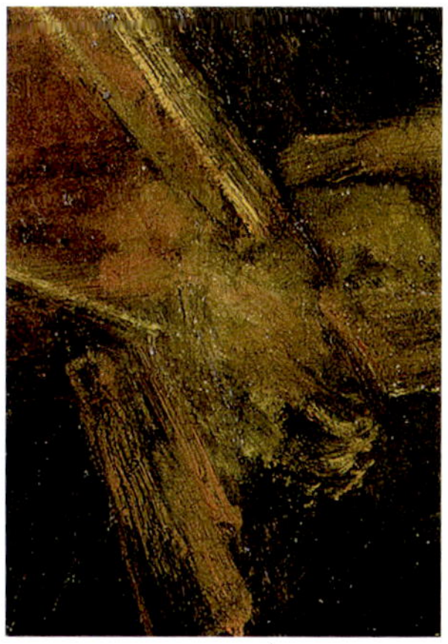

Här är en närbild av ena handen. Man ser att fingrarna målades med några få, snabba penseldrag.

Flicka med pärlörhänge

av Jan Vermeer

Nederländerna, ca 1665–1675, olja på duk, 45 x 39 cm

Den här vackra bilden målades för ungefär 350 år sedan. Men den var försvunnen i mer än 200 år och blev berömd först efter att en samlare hade återupptäckt den. Sedan dess har den gett inspiration åt en känd roman och en film. Man vet inte vad flickan hette, men konstnären Jan Vermeer återger skickligt hennes livliga ansiktsuttryck och speciella klädsel.

Den mystiska bilden

Människor undrar ofta vem flickan var. Det går inte att säga säkert om man ser på hennes klädsel – silkesturbanen och pärlörhänget är bara en vacker förklädnad. Hon kan ha varit Vermeers dotter eller piga. Konstnären var förmodligen mer intresserad av att studera hennes dräkt och ansiktsuttryck än av att måla av henne.

Målningen är så jämn och verklighetstrogen att den nästan ser ut som ett fotografi. Vermeer lät alla penseldrag smälta samman tills de nästan blev osynliga. Han kan ha använt en tidig föregångare till kameran, en ”camera obscura”, för att göra skissen till målningen. Med en camera obscura projiceras en bild in i ett mörkt utrymme, så att konstnären kan kopiera den.

Lägg märke till flickans naturliga ställning, som om hon kastade en snabb blick över ena axeln.

Den enfärgade mörka bakgrunden och det sneda ljuset vänder vår uppmärksamhet mot flickans ansikte.

I närbilden ser man att den lysande reflexen i pärlan egentligen är en tjock, vit färgfläck.

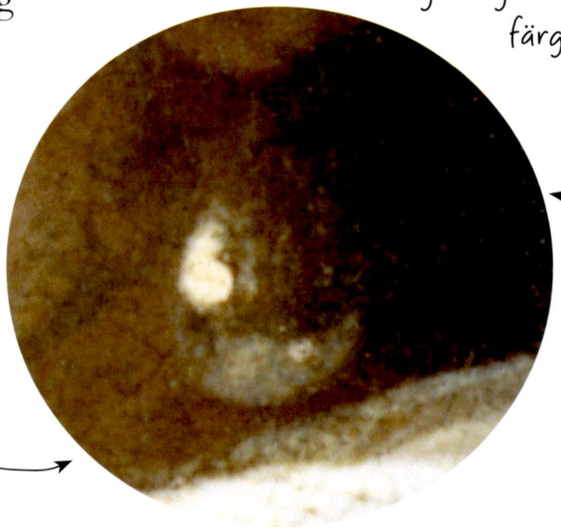

En bild gjord med en camera obscura tenderar att ha mjuka konturer och ljusa fläckar.

Silkesturbanen målades med ultramarinblått – en dyrbar färg som tillverkades av krossad lapis lazuli, en halvädelsten.

Titta på de glänsande reflexerna i ögonen och på läpparna som ger liv åt ansiktet.

Näsans linje blir istället nästan osynlig i ljuset.

Bakgrunden var från början mörkgrön, men med tiden har den blivit svart.

Mr och mrs Andrews

av Thomas Gainsborough
England, ca 1750, olja på duk, 70 x 119 cm

Se på det oavslutade partiet i mrs Andrews knä. Det var meningen att det skulle målas färdigt senare – kanske med en fågel som hennes man just hade skjutit, eller ett porträtt av ett barn som paret hoppades få.

Lägg märke till detaljer i kläderna, till exempel mr Andrews skrynkliga rock och veckade strumpor och hans frus silkeskjol och fina små skor. Konstnären klädde säkert på dockor i sin ateljé så att han kunde ta god tid på sig att måla av parets dräkter.

Detta 1700-talsporträtt föreställer det nygifta paret Robert och Frances Andrews på deras gods ute på landet. De är klädda i dyrbara kläder för att imponera på betraktaren. Men det som dominerar bilden är det vackra engelska landskapet.

Människor och platser

När man först tittar på porträttet verkar det spegla hur stolt det rika jordägarparet blickar ut över sina välskötta åkrar. Men när man ser efter närmare verkar de inte känna sig särskilt bekväma. Deras stela hållning och flotta kläder passar inte ihop med den lantliga omgivningen. På bilden är det landskapet som är i centrum. Paret har placerats i bildens ena kant, inte i mitten – ett mycket ovanligt grepp på den tiden.

Konstnären Thomas Gainsborough var en framgångsrik porträttmålare, men han blev ofta irriterad på sina rika kunder. Han sade att han tyckte bäst om att måla landskap. Här fick Gainsborough chansen att måla en plats som han kände till mycket väl. Andrews gods låg nämligen i närheten av hans eget barndomshem, och han avbildade det välkända landskapet både kärleksfullt och detaljerat.

På detaljbilden ser man att ett torn skymtar fram bakom träden i mitten. Det är tornet på All Saints-kyrkan, nära Gainsboroughs hemstad Sudbury. Det står kvar än i dag.

Den stora vågen

av Katsushika Hokusai

Japan, 1829–1833, träsnitt, 26 x 38 cm

Den dramatiska bilden, som skapades för nästan 200 år sedan, visar en jättevåg som är på väg att krossa tre små båtar. Långt i bakgrunden syns berget Fuji. Bilden, som är ett tryck och inte en målning, är ett av de mest välkända exemplen på japansk konst.

Grafiska bilder

Bilden ingick från början i en serie utsiktsbilder från berget Fuji. Den är tryckt med träblock. Man använde ett block för varje färg. Blocken täcktes med tuschfärger, och man pressade i tur och ordning papperet mot dem för att bygga upp bilden. Eftersom bilderna trycktes kunde konstnären producera och sälja många exemplar till låga priser. Det här träsnittet blev så populärt att de block som användes för att göra det blev utnötta.

Göra vågor

Vågen är högre än allt annat på bilden, den når till och med över berget Fujis topp. Den låga horisontlinjen får vågen att se ännu större ut. Man känner sig som om man vore därnere mellan vågorna tillsammans med sjömännen, när de kämpar mot dessa enorma naturkrafter i sina små träbåtar.

Varje färgfläck har skarpa konturer, och det vita vågskummet har formen av hotfulla klor.

Konstnären skrev bildens namn inuti en ruta och signerade den strax bredvid med sitt eget namn.

Lägg märke till hur vågkammarna kröker sig kring Fuji och liksom ramar in berget – och hur det snöklädda bergets form och färg motsvaras av de skummande vattenmassorna.

De vita partierna i bilden skapades genom att konstnären lät det vita i papperet skina igenom.

Tryckprocessen gjorde att man inte kunde använda hur många färger och nyanser som helst – det är bara sju färger på bilden. Hokusai skapade vattnet, sjömännen och berget med kraftfulla streck av en färg som kallas berlinerblått.

Krigsfartyget "Fighting Temeraire"

av J.M.W. Turner
England, 1839, olja på duk, 91 x 122 cm

Den stämningsfulla bilden visar hur ett gammalt krigsfartyg, *Temeraire,* bogseras bort för att skrotas. Den målades i England för över 150 år sedan av J.M.W. Turner. När målningen visades upp blev den genast en stor succé. Den hörde också till Turners egna favoriter. Han kallade den för sin "älskling" och ville inte sälja den. När han dog testamenterade han den till det brittiska folket. Sedan dess har den ställts ut på museum så att allmänheten kan se den.

Det finns fler segelfartyg en bit bort från *Temeraire*, bland annat ett stort fartyg med satta segel – precis som *Temeraire* haft under sin storhetstid.

Bildens fullständiga titel är:
"Fighting Temeraire" bogseras bort på sin sista färd för att skrotas, 1838

Fakta och fantasi

Tidigt en morgon gjorde Turner en skiss av hur *Temeraire* bogserades bort av ett par ångbåtar. Då saknade hon både master och kanoner. Men när konstnären målade färdigt bilden i sin ateljé ändrade han några detaljer. Han tog bort en av bogserbåtarna och satte tillbaka fartygets master, och han överdrev kontrasten mellan det höga, eleganta segelfartyget och den lilla rökpuffande ångbåten.

Slutet på en epok

Turner ändrade också tidpunkt på dygnet. Han målade en dramatisk solnedgång för att stärka känslan av saknad, vemod och slut. Bilden handlar inte bara om ett fartyg som skrotas. Vid den här tiden höll Storbritannien på att förlora sin makt till havs, och ångbåtar ersatte de gamla segelfartygen. Målningen är alltså mer än en berättelse om ett bestämt ögonblick – den ar en symbol för en helt ny tid.

Ofelia

av John Millais
England, 1851–1852, olja på duk, 76 x 112 cm

Den detaljrika, vackra målningen är en illustration av en scen ur Shakespeares berömda skådespel *Hamlet.* I pjäsen blir Ofelia sjuk av sorg över att hennes far dör, och hon drunknar när hon plockar blommor. Nästan alla blommor som syns på bilden nämns i teaterstycket.

En rödhakesångare sitter på pilträdets gren. I Shakespeares pjäs talar Ofelia om en rödhakesångare.

De gulaktiga fläckarna i vassen har bildats för att en del av den ursprungliga färgen har bleknat med tiden

Att lida för konstens skull

Konstnären, John Millais, ville att bilden skulle bli så verklighetstrogen som möjligt. Han tillbringade flera månader med att i ur och skur måla av en engelsk flodstrand, trots att han blev svårt stucken av bromsar. Han anställde en modell, Lizzie Siddal, gav henne en antik klänning och fick henne att ligga i ett badkar i flera timmar – tills vattnet blev iskallt och Lizzie drog på sig en rejäl förkylning.

Lägg märke till de många olika sorters löv i bakgrunden. Ljuset faller så att flera nyanser av grönt bildas.

Millais målade med tunna färgskikt ovanpå ett lager av vitt, för att färgerna skulle bli lysande och klara. Röntgenbilder visar att han knappt gjorde några ändringar medan han målade.

Ofelia omges av växter som betyder olika saker. Här är några av symbolerna:

- Tårpil – sorg
- Nässlor – smärta
- Rosor – kärlek och skönhet
- Penséer – tankar
- Förgätmigej – minnen
- Tusensköna – oskuld
- Vallmor och violer – döden

Kan du se något som påminner om en dödskalle bland löven på stranden? Det kanske är en oavsiktlig skugga som har den effekten – eller så är det en avsiktlig påminnelse om döden.

Från början tänkte Millais ha med en simmande vattenråtta på bilden, men han lät bli det när en god vän fick se hans skiss och trodde att djuret var en kanin.

Dansarna närmast betraktaren är konstnären Cardenas och en modell som hette Margot.

Renoir övertalade Estelle, en flicka från kvarteret, att sitta modell åt honom i sin randiga klänning.

Dans på Moulin de la Galette

av Auguste Renoir
Frankrike, 1876, olja på duk, 1,31 x 1,75 m

Bilden, som målades för över 100 år sedan, visar ett livligt sällskap som har roligt på ett dansställe i Paris som hette *Moulin de la Galette.* Konstnären Auguste Renoir bodde i närheten och bad många av sina vänner att ställa upp som modeller.

Lägg märke till att hela bilden skimrar av ljus och färg. Marken är bländvit och till och med skuggorna är blå i stället för svarta.

Figurerna är noggrant arrangerade. Vid första ögonkastet ser det ut som en tillfällig, spontan scen. Men var och en har sin bestämda plats, så att de flesta av Renoirs vänner vänder ansiktena mot betraktaren.

De två männen som sitter vända mot oss i förgrunden är Norbert och Georges, nära vänner till Renoir.

Färgstark och suddig

Renoir besökte ofta dansstället. Han gjorde skisser från dansgolvet i trädgården och planerade hur han skulle komponera sin målning. Han ville visa platsen när den var som soligast och trevligast, och alla skulle vara finklädda. Man ser att hans fjäderlätta penseldrag får allt att se vänligt och glatt ut.

I dag anses målningen vara ett mästerverk, men när den ställdes ut för första gången tyckte de flesta inte alls om den. De tyckte att den var skrikig med sina lysande färger och suddiga konturer, och att den inte verkade vara färdig. Men vad Renoir ville var att på pricken beskriva ett intryck av ljus och rörelse.

En bar på Folies-Bergère

av Édouard Manet

Frankrike, 1882, olja på duk, 96 x 130 cm

Lägg märke till de gröna skorna. De tillhör en akrobat som står på en trapets.

Konstnären har signerat med sitt namn på vinflaskans etikett.

Målningen ger en glittrande ögonblicksbild av en populär bar i 1800-talets Paris. Scenen är omsorgsfullt arrangerad så att det mesta syns i spegeln bakom bardisken. Det känns som om man själv stod där mittemot den fundersamma servitrisen.

En vas med rosor ger en mjukare ton mitt bland marmorn och glasen.

Titta på spegelns guldram. Även spegelglaset är målat med suddiga blå färgfläckar.

Figurerna i bakgrunden har målats med snabba, lätta penseldrag för att skapa en livlig, sorlande feststämning.

Nattlivet

Folies-Bergère var ett populärt ställe dit människor kunde gå på nätterna för att dricka och njuta av underhållning av bland annat musiker och cirkusartister. Konstnären Manet gjorde sina skisser inne på Folies-Bergère, men han målade färdigt tavlan i sin ateljé och som modell använde han Suzon, en servitris från Folies-Bergère.

En förvirrande bild

Det är någonting konstigt med spegeln. Om man tittar lite närmare så passar varken Suzon eller flaskorna riktigt ihop med spegelbilden. Röntgenfoton visar att Manet ändrade på spegelbilden, antagligen för att bakgrunden inte skulle bli så plottrig. Mannen i den höga hatten är en annan gåta. Spegelbilden visar att han står rakt framför Suzon – precis där du som betraktare skulle stå. Det är nästan som om du hade förvandlats till en 1800-talsherre och smält ihop med bilden.

Söndag i La Grande Jatte

av Georges Seurat
Frankrike, 1884–1886, olja på duk, 2,08 x 3,08 m

Den franske konstnären Georges Seurat arbetade i två år på sin ljusa målning som föreställer en park. Han gjorde dussintals skisser innan han började måla på en väldig duk, som han täckte med pyttesmå prickar, fläckar och stänk av färg – sammanlagt ungefär 3,5 miljoner.

Prickmani

Seurat placerade sina prickar så att det skulle stämma med 1800-talets teorier om hur vi uppfattar färg. Om man tittar närmare på bilden ser man en hel massa separata prickar och klickar av färg. Men på långt håll smälter alltihop samman och färgerna liksom flyter ihop. Seurat menade att när blandningen skapas inne i betraktarens öga så blir resultatet klarare och innehåller fler nyanser.

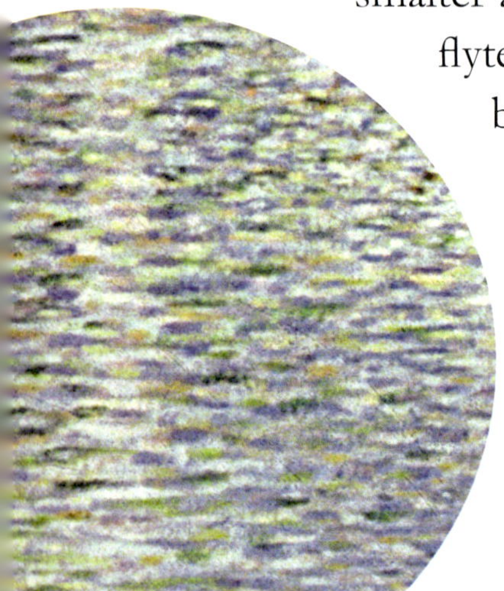

Seurat studerade också hur färger fungerar tillsammans. Han gjorde små tillägg av olika färger för att skapa effektfulla kontraster. Det blå vattnet glittrar i orangefärgade strimmor och gräset lyser grönt mot markens rödbruna fläckar.

På den här detaljbilden ser man tydligt prickarna och fläckarna.

Lägg märke till båtarna på floden. Här finns både ångbåtar, segelbåtar och roddbåtar.

Bilden är mycket noggrant arrangerad, lite som en teaterscen. Avståndet mellan alla figurer är exakt beräknat, och ljusa och mörka partier balanseras mot varandra.

Seurat sade att han ville måla "moderna människor", och det finns många personer på bilden – alltifrån män i hög hatt till arbetare med uppkavlade skjortärmar, och från fiskande kvinnor till en man som spelar på ett blåsinstrument.

De ljusa partierna har byggts upp av solens gula och orange färger.

Skuggorna består av mörkblå och mörklila fläckar.

Ser du den orange fjärilen som flyger över gräsmattan?

Den här kvinnan är ute och promenerar med en tam apa.

Vincent

Solrosor

av Vincent van Gogh

Nederländarna, slutet av 1888 eller början av 1889, olja på duk, 92 x 71 cm

I slutet av 1880-talet började den holländske konstnären Vincent van Gogh måla en serie med knallgula solrosor. De hörde till hans verkliga favoritmotiv. Trots att målningarna aldrig blev sålda medan konstnären levde hör de numera till världens mest efterfrågade och värdefulla konstverk.

Solsken och blommor

Varje blomma är en explosion av intensiva, klara färgskikt som kontrasterar mot en blågrå bakgrund. Kronbladen målades med tjocka penseldrag och en ny kemiskt baserad färg, så kallat kromgult. För van Gogh var denna lysande gyllengula färg en symbol för vänskap och lycka. Men målningen visar också hur skört livet är, för några av blommorna börjar redan torka och vissna.

Titta särskilt på de tjocka, ojämna färglagren, så kallad *impasto*. De är så tjocka att man fortfarande ser tydliga kanter som penseln har lämnat efter sig.

Upp och ned

Van Gogh målade solrosorna till en god vän, Paul Gaugin, som kom och hälsade på. Men efter några veckor blev vännerna osams. Van Gogh, som led av en psykisk sjukdom, tog en vass kniv och skar av en bit av sitt ena öra. Gaugin flydde snabbt därifrån. Van Gogh målade självporträttet till höger medan hans öra höll på att läkas.

Konstnären har signerat med sitt namn på vasen.

Självporträtt med bandagerat öra, 1889.

Blå dansare

av Edgar Degas
Frankrike, 1890, olja på duk, 85 x 76 cm

På målningen ser man en grupp kvinnliga dansare – de dansar inte, som man skulle kunna vänta sig, utan förbereder sig för att gå ut på scenen. Bilden är som ett fotografi, taget för att visa hur teaterlivet är. Dansarna står tätt tillsammans, rättar till kläderna och värmer upp. De verkar vara omedvetna om att någon ser dem.

Kulissen skymmer en del av scenen, så att man får en starkare känsla av att det är en ögonblicksbild.

Dansarna vänder sig bort och verkar inte se att konstnären tittar på dem.

Att teckna med färg

Dansarna består nästan helt av skimrande blå färg, med suddiga kulisser i bakgrunden. Bilden är uppbyggd av fläckar och stänk av färg, här finns inga avgränsade former och skarpa linjer. Konstnären Edgar Degas kallade sin metod för ”att teckna med färg”. Den mjuka, nästan disiga effekten trollar fram ett magiskt ögonblick.

Konstnären använde kontrasterande färger. Därför styrs betraktarens blick till ett fokus och en djupeffekt uppstår. Mitt i det blå lyser en gulorange färgfläck som drar uppmärksamheten till några figurer i bakgrunden.

På detaljbilden ser man tydligare de kraftiga, smetiga penseldragen.

Många dansöser

Bilden ser kanske ut att vara hastigt hopkommen och skissartad, men det krävdes många års studier för att utveckla en sådan skicklighet och iakttagelseförmåga. Degas målade och skulpterade hundratals dansare under sitt liv. Han fascinerades av deras sätt att röra sig, deras elegans och styrka – för honom hade deras sätt att träna och öva om och om igen, många likheter med en konstnärs arbete.

E.Munch 1893

Skriet

av Edvard Munch

Norge, 1893, olja och tempera samt pastell på pannå, 91 x 74 cm

Den här mardrömslika, förvirrande scenen skapades för strax över 100 år sedan av den norske konstnären Edvard Munch. Det är en inträngande, kraftfull bild av en ensam, lidande gestalt, och den har inspirerat till alltifrån tecknade serier till skräckfilmer.

Scener ur livet

Munch gjorde flera olika versioner av bilden, i färg och i svartvitt. De ingick i en serie som han kallade för *Livsfrisen*, där han utforskade livet, kärleken, döden och de intensiva känslor som hör ihop med dessa. Munch arbetade i många år med serien och ordnade bilderna på olika sätt.

Lägg märke till kontrasten mellan den orangeröda himlen och det blåsvarta vattnet.

Figurens huvud har samma form som en dödskalle.

Människorna i bakgrunden kontrasterar mot figuren och får den att verka ännu ensammare.

Bron skär tvärs igenom hela bilden och fångar figuren i ett trångt, obehagligt skrymsle.

Vems skrik?

Figuren gapar som om den skrek, så man skulle kunna tro att målningens titel syftar på det. Men Munch sade att hans inspiration egentligen kom från ett skrik som han på något mystiskt sätt hörde när det steg upp från världen omkring honom. Han beskriver ögonblicket i sin dagbok:

> Jag gick på vägen tillsammans med två vänner. Solen skulle just gå ned... Plötsligt blev himlen blodröd. Jag stannade... Mina vänner fortsatte att gå – jag stod kvar, darrande av rädsla. Och jag kände ett väldigt, oändligt skri som genljöd i hela naturen.

Egendomliga, skruvade linjer påminner om ekot av detta skrämmande ljud.

Kyssen

av Gustav Klimt

Österrike, 1907–1908, oljefärg, bladguld och silver på duk, 1,8 x 1,8 m

Den här guldglänsande bilden av en man som kysser en kvinna skapades av Gustav Klimt. Klimts konst var omdiskuterad, men *Kyssen* blev genast mycket populär.

Perfekta mönster

När man tittar på paret är det bara deras huvuden, händer och fötter som syns tydligt – resten är bara en praktfull, svepande, färgrik form. Olika mönster markerar kropparna, men mönstren överlappar och blandas med varandra, en symbol för parets gemenskap. Mannen och kvinnan står på knä på en matta som pryds av blommor som liknar glittrande smycken, men bakgrunden är tom och trist. Att paret inte befinner sig i en bestämd miljö gör att bilden skulle kunna vara från vilken tid och plats som helst.

Rent guld

Bilden målades med oljefärger och täcktes med tunna bitar av bladguld och silverfolie. Klimt använde så mycket guld i sina bilder att man brukar kalla tiden för hans gyllene period. Här ramar guldet in två människor och ger dem en magisk, skimrande strålglans.

På riktigt nära håll ser man att Klimt ristade dekorativa slingor och vågor på bladguldet. Linjerna fångar ljuset på olika sätt som bidrar till den magiska effekten.

Mannen har en krans av murgröna, och kvinnan har blommor i håret.

Lägg märke till hur mönstren på parets dräkter kontrasterar mot varandra: mannens kläder har svarta och vita fyrkanter och kvinnans har färgade cirklar.

Kvinnan är insvept i en lång, broderad mantel eller slöja som faller nedför ryggen på henne. Allra längst ner är den helt genomskinlig, men man ser att broderade sömmar löper tvärs över kvinnans fötter.

Harmoni i rött

av Henri Matisse
Frankrike, 1908, olja på duk, 1,81 x 2,21 m

Den färgsprakande målningen med olika mönster föreställer en kvinna som dukar fram frukt och drycker på ett bord. Men bilden handlar minst lika mycket om mönster och färger som om själva motivet, och om att det är en illusion att man kan måla en ”verklig” scen.

Att se rött

Målningen började som en *Harmoni i blått,* med en blå duk och tapet. Men konstnären ändrade sig, målade över den och skapade *Harmoni i rött.* Den blå bilden var redan såld – men lyckligtvis hade köparen, en hängiven rysk samlare, ingenting emot ändringen.

Landskapet är målat i kyliga blå och gröna färgtoner och bildar en motvikt mot den djärva, färgsprakande interiören.

Vad är verklighet?

Konstnären Henri Matisse lekte med landskapet i bakgrunden. Ska det föreställa en ”verklig” utsikt som syns genom ett fönster, eller är det en tavla som hänger på väggen? Matisse lät medvetet bli att svara på den frågan – en påminnelse om att själva målningen inte är mer ”verklig” än det där mystiska landskapet.

Möblerna syns bara delvis, vilket gör att motivet känns sammanhållet och slutet.

Den starkt glödande röda färgen lockar fram en känsla av värme och kontrasterar livligt mot det blå och gula.

Är dessa gula och orange kanter en bit av en fönsterkarm eller en tavelram? Det är en medveten gåta, och inget svar är rätt eller fel.

Tapeten och duken har samma blå mönster, vilket får bordet att verka lika platt som väggarna.

Se hur mönsterslingorna motsvaras av de rundade linjerna i frukterna, blommorna och kvinnans frisyr.

Näckrosor, morgon

av Claude Monet

Frankrike, 1914–1918, olja på fyra dukar, 2 x 12,75 m

Den franske konstnären Claude Monet ägnade de sista 30 åren av sitt liv åt näckrosor. Han byggde en jättestor näckrosdamm i sin trädgård. Han målade av den om och om igen, vid olika tider på dygnet, för att försöka fånga hur solljuset påverkade blommorna och vattnet.

Djärva intryck

Bilden visar dammen i det milda morgonljuset. Den är målad med lätta, svepande penseldrag, med streck och fläckar av oblandad färg. Det är en kraftfull ögonblicksbild – så kraftfull att man kanske inte genast ser att det är en näckrosdamm. Målningen är oerhört stor och dammen verkar ännu väldigare för att Monet utelämnat kanterna, som om vattnet fortsatte i evighet.

Fäll ut den invikta sidan för att se hela målningen.

Monets trädgård

Monet skapade en fantastisk trädgård i sitt hem i Giverny i Frankrike. Med åren blev hans trädgård lika mycket ett konstverk som hans måleri. Monet planterade blommor och ovanliga växter. För att skapa dammen fick han tillstånd att dämma upp en flod – men bönderna protesterade, eftersom de var rädda för att hans näckrosor skulle täppa till vattenflödet. Idag är trädgården öppen för allmänheten och lockar tusentals besökare varje år.

Över en del av dammen byggde Monet en japansk-inspirerad bro, som också finns med på några av hans målningar.

Verklighetstroget

Om man jämför fotografiet med Monets målning ser man att han målade exakt vad han såg, även om hans stil var skissartad. Den lugna vattenytan speglar växterna kring dammen och himlen, bara de flytande näckrosorna bryter stillheten. I bakgrunden suddas vattnets kanter och horisontlinjen ut av vassruggarna och en träddunge.

Fotografiet visar hur dammen ser ut idag. Längre bort skymtar den japanska bron.

Gult - rött - blått

av Vasilij Kandinskij
Ryssland, 1925, olja på duk, 1,27 x 2 m

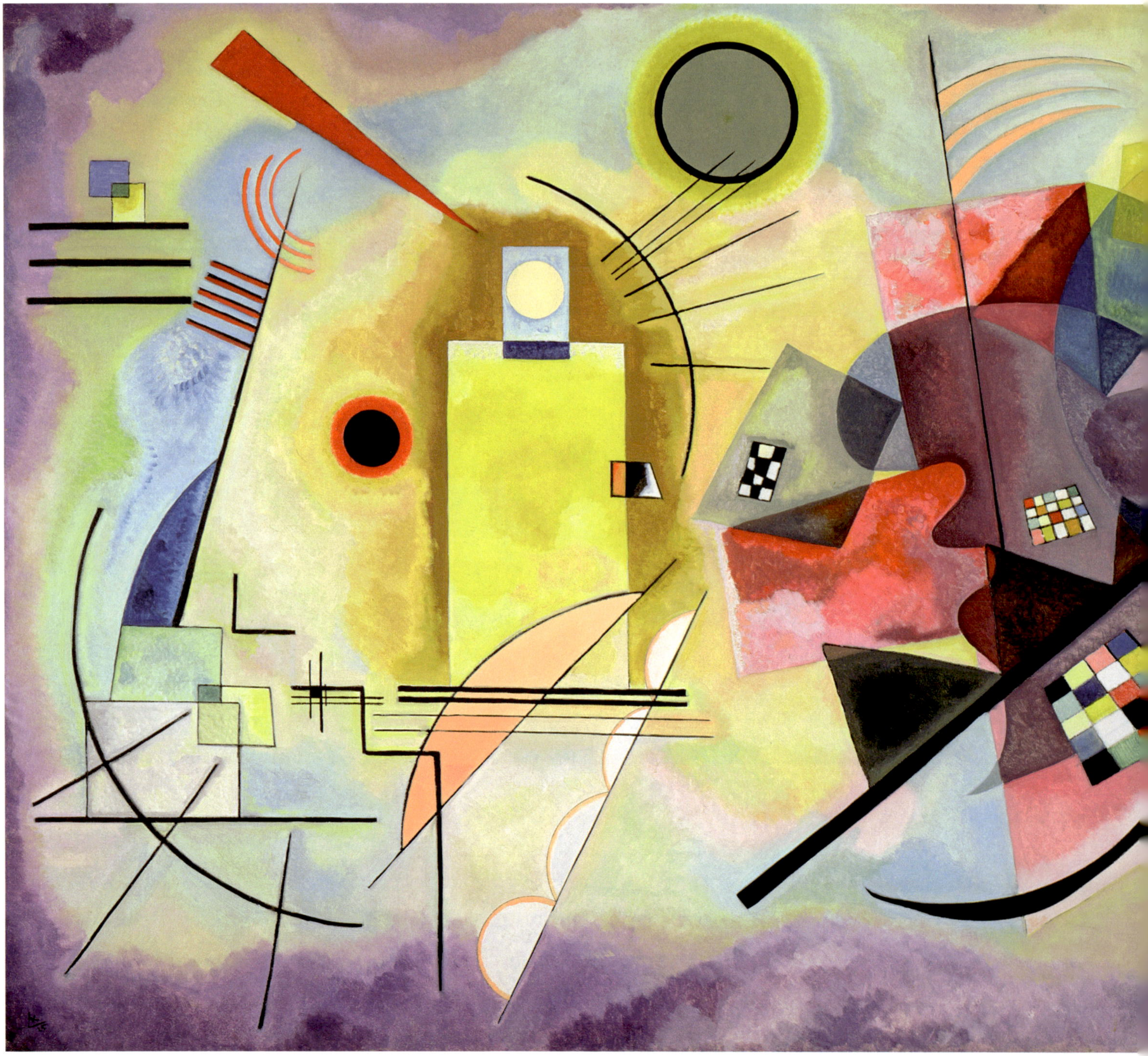

Många människor tycker att formerna liknar olika föremål. Ser du ett ansikte i profil, en gul fyr och en flagga som fladdrar?

Den här bilden från 1920-talet är full av färgglada former, men vad handlar den om? Namnet på målningen är bara en uppräkning av färger. Det tyder på att bilden inte föreställer någon verklig scen, den är istället ett "abstrakt" arrangemang av former och färger.

Att se former

Konstnären Vasilij Kandinskij menade att man kunde uppleva olika känslor genom att se på färger, lite som när man lyssnar på musik. Målningen är uppbyggd kring tre färgglada geometriska former – en gul rektangel, ett rött kors och en blå cirkel. För Kandinskij var cirkeln en symbol för människans själ. Mindre former och linjer ligger i nya lager ovanpå huvudmotivet. Det skapar spännande kontraster av former och vinklar.

Färgstarka idéer

Gult, rött och blått kallas "primärfärger" – det är från dessa färger som alla andra färger och nyanser blandas. De hade också viktiga symboliska betydelser för Kandinskij...

De svarta linjerna och prickarna påminner lite om notskrift.

Intrycket av rörelse skapas av blandningen av färger och former. Kontrasterna gör att ögat dröjer sig kvar i bilden.

Vallmor

av Georgia O'Keeffe
USA, 1927, olja på duk, 76 x 102 cm

Den lysande röda målningen skapades av en amerikansk konstnär, Georgia O'Keeffe. Hon har förstorat upp två vallmoblommor ungefär tio gånger, så att deras silkeslena kronblad fyller hela duken – och skapat ett väldigt, varaktigt minnesmärke över dessa små kortlivade blommor.

Bara blommor?

Vallmoblommorna är mycket detaljerat och exakt målade. Men det finns varken blad eller stjälkar och ingenting som visar var de växer. Här finns bara blommorna, en uppvisning i glödande rött och sammetslent svart som avtecknar sig mot en enfärgat röd bakgrund. Vallmo är en vanlig växt, men den intensivt koncentrerade bilden gör att man ser den på ett helt nytt sätt. När vallmor avbildas så här blir de mindre lika blommor och förvandlas till ett medel för att utforska abstrakta former och färger.

Att ta sig tid

Georgia O'Keeffe sade så här om hur hon hade tänkt: ”Ingen tar sig tid att verkligen se en blomma, den är ju så liten. Vi har inte tid, och det tar tid att se... Så jag bestämde mig för att måla vad jag ser... men jag ville måla den stor... Jag ska få till och med stressade New Yorkbor att ägna tid åt min syn på blommor.”

Titta noga på alla nyanser av rött – från klarrött till rosa och orange.

Lägg märke till den jämna, nästan fotografiliknande ytan – ett resultat av tusentals pyttesmå penseldrag på en specialpreparerad, extra jämn målarduk.

Amerikansk gotik

av Grant Wood

USA, 1930, olja på pannå, 78 x 65 cm

Bilden av ett par ute på den amerikanska landsbygden gjorde att konstnären Grant Wood fick ett pris när den visades upp första gången i Chicago år 1930. Sedan dess har den inspirerat till många kopior och skämtsamma efterbildningar, och den anses ofta vara USA:s mest berömda målning.

Lägg märke till hur paret ställt sig i vägen för betraktaren, och att fönstren i huset är förtäckta. Det här är en sluten, privat värld.

Hem, ljuva hem

Bilden inspirerades av huset på det här fotot – en stuga som finns i Iowa i USA. Det ”gotiska” spetsbågiga fönstret på översta våningen har gett målningen dess namn. Wood övertalade sin tandläkare och hans syster att klä ut sig till bönder och stå modeller. Han sade att de var ”sådana människor som jag föreställde mig skulle bo i huset”. Dubbelporträtt används ofta för bilder av gifta par. Men här är mannen så mycket äldre att många tror att det är far och dotter.

Huset är numera ett centrum som helt ägnas åt Woods målning.

Högaffeln ger en vink om någonting hotfullt. Dess form återspeglas i mönstren på mannens kläder och i linjen kring hans haka.

Kvinnans hår är stramt bakåtkammat, men en lös lock är ett tecken på att hon också har en mjukare sida.

Satir eller hyllning?

När målningen först visades gick åsikterna om den isär. En del klagade på att Wood drev med bönderna, eftersom de såg så truliga och gammalmodiga ut. Andra menade att målningen hyllade böndernas uthålliga, arbetsamma läggning. Wood själv vägrade kommentera det hela och sade bara: ”Det här är sådana människor som jag har känt i hela mitt liv. Jag har försökt visa dem sanningsenligt – och göra dem mer lika sig själva än de var i verkliga livet.”

Minnets envishet

av Salvador Dalí

Spanien, 1931, olja på duk, 24 x 33 cm – inte större än många fotografier.

Lägg märke till att alla klockor visar olika tider.

En fluga kryper över en klocka.

Myror krälar över en annan klocka.

Det döda trädet, myrorna och flugan är alla symboler för förruttnelse. Som barn var Dalí mycket rädd för myror.

Den egendomliga, sovande gestalten är i själva verket en förvriden version av Dalís egen profil.

Det underliga landskapet med de mjuka klockorna ser ut som någonting i en dröm – och det var precis vad konstnären Salvador Dalí ville. Han ansåg att drömmar avslöjar våra omedvetna tankar och på sätt och vis kan vara mer "verkliga" än verkligheten.

Tiden och minnet

Bilden är full av mystiska symboler. Ett dött träd och en sovande figur får oss att tänka på döden och drömmar. Klockor och sand används traditionellt för att mäta tid. Men de här klockorna håller på att smälta eller bli uppätna av myror, som om tiden brutit samman och förlorat sin mening. Men titeln verkar syfta på att minnet ändå stannar kvar, oberoende av tiden – och bilden framkallar två av Dalís egna barndomsminnen: klippor och myror.

Dalí sade att de mjuka klockorna inspirerats av smältande ost.

Drömfotografi

Trots alla underliga saker som visas på bilden användes den fina penselföringen och det naturliga spelet mellan ljus och skugga för att få den att se så verklig ut som möjligt. Dalí beskrev sina verk som "handmålade drömfotografier". Målningens första ägare kallade den för "Dalí-dynamit!" När den visades för första gången väckte den sensation och köptes genast in av ett stort museum i New York.

De gyllenbruna klipporna syftar på en plats i Spanien som ligger nära Dalís barndomshem.

Guernica

av Pablo Picasso
Spanien, 1937, olja på duk, 3,49 x 7,77 m

Den spanske konstnären Pablo Picasso skapade den kraftfulla antikrigsmålningen för att protestera mot en fasansfull händelse under det spanska inbördeskriget. 1937 dödades hundratals människor i den spanska staden Guernica när stridsplan spydde ut bomber över den.

Vad syns på bilden?

Vik ut fliken på nästa sida för att se hela målningen.

I nyheterna

Anfallet på Guernica orsakade stora tidningsrubriker. Dystra svartvita bilder av den förstörda staden visades i journalfilmer på biografer och trycktes i tidningarna. Picasso såg bilderna och inspirerades till att måla sin bild i avskalat svart och vitt.

Propagandabild

När Picasso målade bilden sade han att han arbetade med ”en medveten känsla för propaganda”. Han hoppades att den skulle väcka människor och samla oppositionen mot de krafter som låg bakom bombanfallet. Bildens jätteformat och plågade gestalter användes för att få maximal effekt.

Händelsen fördömdes över hela världen, men det hjälpte inte Spanien. Kriget slutade med att landet hamnade i en brutal diktators våld. Picasso vägrade att visa Guernica i Spanien ända tills demokratin återuppstod – och det hände först år 1975. I dag finns målningen i Madrid.

Fotot visar Guernica strax efter bombanfallet. Av stadens centrum fanns bara ruiner kvar, och eldsvådorna rasade i tre dagar. En tredjedel av stadsborna dödades eller sårades.

Självporträtt

av Frida Kahlo
Mexiko, 1938, olja på metall och glas, 29 x 21 cm

Ansiktet som tittar ut ur den färgglada ramen är den mexikanska konstnären Frida Kahlos. Hon började måla medan hon vilade upp sig efter en allvarlig olycka, och hon gjorde över 100 självporträtt. Hon sade att hon själv var det motiv som hon kände till allra bäst.

Mexikansk konst

Målningen är en hyllning till Kahlos mexikanska rötter. Dekorationerna är inspirerade av mexikansk folkkonst och själva porträttet visar Kahlo i en traditionell mexikansk folkdräkt, med blommor och band i håret. Målningen visades på en utställning med mexikansk konst och blev genast en succé innan den köptes av det berömda museet Louvren i Paris.

Olika blommor och dekorativa mönster bildar tavlans ram.

Här finns en blandning av stilar. Ramen är djärvt målad, färggrann och enkel, medan Kahlos ansikte är mer verklighetstroget.

Lägg märke till att ett heltäckande blått fält kring hennes ansikte får det att framträda skarpare bland alla dekorationer.

Ser du de två exotiska fåglarna nedtill, som tycks kika in över ramen i bilden?

Kahlo med en av sina tama apor.

Fåglarna kan ha inspirerats av Kahlos tama fåglar. Hon hade många husdjur, bland annat papegojor och apor, och de fanns ofta med på hennes tavlor.

Ansiktet målades på metall. Eftersom metall är blank och inte suger upp färg, ser färgerna skarpa och klara ut.

Dekorationerna målades med genomskinliga färger, på baksidan av en bit glas. Det är därför de ser annorlunda ut i mitten av bilden, där de flyter in i varandra.

Nattugglor

av Edward Hopper

USA, 1942, olja på duk, 84 x 152 cm

Den stämningsfulla interiören från en bar sent på natten har inspirerat många konstnärer, liksom också dikter, filmscener och tecknade serier.

Ensamma nätter

Ugglor är nattaktiva fåglar. Nattugglor kallas människor som är uppe sent på nätterna, som personerna på bilden. Ingen av dem verkar prata med någon annan. Barens form gör att de tycks vara långt ifrån oss, isolerade innanför glasväggen utan någon synlig ingång.

Konstnären Edward Hopper sade att bilden var inspirerad av ett gathörn i New York – men det skulle egentligen kunna vara vilken stad som helst. Hopper fångar den mörka och ödsliga stämningen. Han sade själv: "Omedvetet avbildade jag nog ensamheten i en storstad."

Bilden har en låg och bred form och ytan är jämn och slät, så att den påminner om en filmduk. Den dramatiska, skuggrika ljussättningen förstärker intrycket av att det är en filmscen.

Konstnären har skickligt återgett lysrörens gröngula sken.

Bokstäverna ovanför baren är en del av en annons. Barens namn syns inte – den är anonym, precis som gästerna innanför glaset.

Alla personer på bilden är baserade på konstnären och hans fru Jo.

Nummer 6

av Jackson Pollock

USA, 1949, industrifärger på duk, 1,12 x 1,37 m

Den amerikanske konstnären Jackson Pollock blev känd för sina ”dropp”-målningar, som består av hoptrasslade, sammanflätade linjer och färgfläckar.

Droppmålningar

För att skapa sina målningar uppfann Pollock ett helt nytt sätt att arbeta. Han lade målarduk på golvet och droppade, hällde och stänkte ut färg över den.

Vid första ögonkastet kan det se kladdigt och rörigt ut, men Pollock påstod envist att ”här finns ingenting slumpartat”. När han målade var alla hans rörelser medvetna och kontrollerade. Människor som såg på medan han arbetade sade att det var som att titta på en dans, full av energi och rytm.

Vad handlar det om?

Droppmålningarna är abstrakta bilder – de försöker inte avbilda verkliga motiv. Istället skapade Pollock mönster som visade de olika rörelser som han gjorde medan han målade – de svepande båglinjerna och färgskvättarna. Hans målningar handlar alltså i själva verket om rörelsen som skapade dem.

Den enkla titeln (en siffra) är ett sätt att visa att bilden inte syftar på något bestämt föremål eller någon särskild betydelse.

Lägg märke till att under det svarta och vita finns starka färgexplosioner av rött, gult och grönt

Eftersom det inte finns något bestämt fokus i bilden sveper man hela tiden med blicken över målningens yta.

Titta på olika färgavtryck, från stora plumpar och kraftfulla linjer till tunna streck och minimala stänk.

VII-'53

Relativitet

av Maurits Escher

Nederländerna, 1953, litografi (ett slags tryck), 28 x 29 cm

Den här märkliga, drömlika scenen skapades för cirka 60 år sedan som ett slags gåta. Vi ser en byggnad som är full av valvgångar och trappor. Allihop ser stabila och verklighetstrogna ut – men ändå går människor uppåt och nedåt mot varandra i helt omöjliga vinklar.

Lägg märke till att alla figurerna saknar ansikten. Det bidrar till känslan av mystik.

Mörka, skuggiga portvalv dyker på något mystiskt sätt upp alldeles intill solbelysta trädgårdar.

Detaljbilderna visar vilka delar av motivet som hör till vilken "värld".

Bilden är mycket exakt uppbyggd av prydliga svartvita linjer. Lägg märke till hur konstnären har skuggat olika delar med ett tätt rutnät.

Åt vilket håll är uppåt?

Motivet är som när tre olika världar möts. Varje värld har sitt eget "upp" och "ned", så en människas golv blir någon annans vägg, och det går inte att säga åt vilket håll uppåt är. I många hundra år har konstnärer försökt att skapa en verklig känsla av tre dimensioner på platta dukar. Bilden påminner oss om att all konst är en illusion, och att konstnärer kan avbilda osannolika motiv lika övertygande som verklighetstrogna.

Att skapa illusioner

Konstnären Maurits Escher inspirerades av optiska illusioner och matematiska modeller. Du kanske tror att hela bygget är en omöjlighet, men i själva verket skulle man kunna bygga en rad trappor som såg ut så här – man skulle bara inte kunna gå uppför och nedför allihop samtidigt.

Golconda

av René Magritte
Belgien, 1953, olja på duk, 80 x 100 cm

Denna egendomliga målning från 1950-talet föreställer en massa män i rundkulliga hattar som svävar i luften ovanför en gata som ser helt vanlig ut – eller kanske regnar männen ner på gatan. Målningen har ofta kopierats.

Sanning och lögn

Även om det är ett underligt, drömlikt motiv så presenteras det på ett mycket rakt och sakligt sätt. Bildytan är jämn och slät med verklighetstrogna färger och skuggor. Om man tittar på varje man och hus för sig, är de väldigt övertygande. Det är bara kombinationen som gör bilden absurd.

Resultatet är komiskt, men det är också meningen att vi ska fundera över vad konst är. Konstnären René Magritte sade att han ville ifrågasätta betraktarens förväntningar. Hans bilder påminner oss om att hur övertygande målningar än ser ut, så är de aldrig verkliga. De är illusioner som konstnären har skapat och de kan lika gärna ljuga som de är sanna.

Männen har tre olika storlekar, och de är prydligt ordnade i rader.

Först ser det ut som om männen vore likadana. Men det finns små skillnader, till exempel i deras hållning.

Magritte signerade målningen på väggen till det högra huset.

En del tror att Magritte utgick från sig själv när han målade männen. Han hade ofta mörk kostym och hatt med rund kulle.

Magritte

Fallet

av Bridget Riley
England, 1963, vinylfärg på hårdpapp, 1,41 x 1,40 m

Den kraftfulla svartvita målningen utnyttjar smarta visuella effekter för att utforska hur synsinnet fungerar. Stirra en stund på bilden! Börjar linjerna flimra eller förändras på något sätt? Är det svårt att hålla kvar blicken på en bestämd punkt?

Mönstret av våglinjer upprepas över hela målningen och skapar en känsla av regelbunden rytm.

Våglinjerna blir allt mindre och snävare medan de löper nedåt och ger ett intryck av ökande spänning.

Hårfina variationer i mönstret gör att det hela tiden förändras medan du tittar på det.

Fallet

Det vågliknande mönstret har en tydligt nedåtgående rörelse, lite som vattnet i ett vattenfall – därför heter målningen *Fallet.* Att det inte finns något centralt fokus gör att blicken flyttar sig hela tiden och inte fixeras vid någon punkt. Därför upplever man förändringar och skiftningar medan man tittar på bilden.

Optiska effekter

Bilden var färdig 1963 och köptes samma år av det välkända museet Tate Gallery i London. Den har blivit en av de mest kända målningarna från 1960-talet och från den rörelse som ibland kallas för opkonst. Op kallas sådan konst som utforskar hur vårt synsinne fungerar.

Målningens yta är så slät och exakt att man inte ser några penseldrag eller småfel, inte ens på närbilder.

Marilyn

av Andy Warhol

USA, 1967, screentryck på papper, 92 x 92 cm

Den amerikanske konstnären Andy Warhol var fascinerad av tanken på berömmelse. Han skapade färgstarka bilder av många kändisar, bland annat det här trycket av filmstjärnan Marilyn Monroe. Han gjorde i själva verket hundratals ”Marilyn”-tryck – något som i sin tur bidrog till att han själv blev en kändis i konstvärlden.

Det är få färger på bilden. Tryckprocessen gjorde att man inte kunde använda så många.

Lägg märke till hur färgfläckarna överlappar eller inte passar ihop med formerna.

Ansiktsdrag som är långtifrån felfria

Marilyns ansikte fyller upp hela ytan, en ljus, kraftfull bild av en berömd stjärna. Men det finns också någonting medvetet grovt i den. Former och färger är mycket förenklade och tryckprocessen har skapat en del tydliga fel. När man ser stjärnas berömda ansiktsdrag så här, verkar de platta och overkliga, något som tyder på att berömmelsen har nackdelar.

Massproducerade tryck

Alla Warhols ”Marilyn”-tryck byggde på ett enda kändisfoto. Han gjorde sina tryck på ett mycket mekaniserat sätt. Han kallade sin ateljé för ”Fabriken” och använde modern teckteknik och en mängd assistenter för att skapa ett slags löpande band som nästan spottade fram exemplar. Vissa menar att den sortens ”massproducerade” bilder är mindre konstnärliga än traditionella målningar. Men Warhol ville ifrågasätta traditionerna.

Mr och mrs Clark och Percy

av David Hockney
England, 1970–1971, akryl på duk, 2,13 x 3,04 m

Dubbelporträttet föreställer ett flott par, modedesignerna Celia Birtwell och Ossie Clark, i deras hem i London. Konstnären David Hockney var nära vän med paret och målade bilden som bröllopsgåva.

Ett förhållande i bild

De spridda föremålen gör tillsammans med Ossies bakåtlutade hållning och bara fötter att bilden ser ut som en avspänd ögonblicksbild, men så är det inte. Den var noggrant arrangerad med mannen och kvinnan symmetriskt placerade på varsin sida om ett fönster.

Hockney tillbringade ett år med att arbeta med bilden. Han sade att han ville ”måla de här båda människornas förhållande”. Att avbilda Celia stående och Ossie sittande var ett medvetet grepp. På traditionella porträtt brukade alltid mannen stå upp. Avståndet mellan dem antyder att det fanns vissa spänningar. Paret skildes några år senare.

Ljuset från fönstret framhäver allt i rummet och ritar skarpa konturer. Det gör att formerna ser plattare ut.

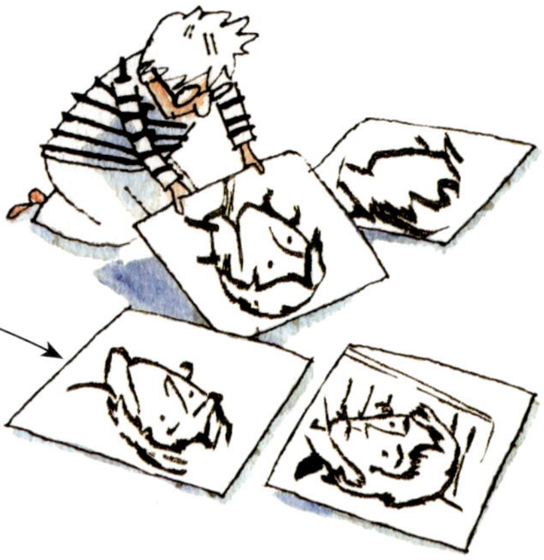

I verkligheten är figurerna på bilden nästan i naturlig storlek, vilket var en stor utmaning för konstnären. Han gjorde många förberedande skisser och målade Ossies huvud tolv gånger innan han blev nöjd.

Den vita katten hette egentligen Blanche, men Hockney tog med namnet Percy i titeln (så hette parets andra katt), för att han tyckte det lät bättre.

Lägg märke till att Celia och Ossie båda tittar åt samma håll. Det är som om de ser rakt in i dina ögon inifrån målningen, eller kanske på konstnären som målar av dem.

Register

Tack

Bildresearch av Ruth King. Redigerad av Jane Chisholm & Jenny Tyler. Kompletterande illustrationer av Emily Bornoff. Omslag av Johan Petterson.

Tack till följande organisationer och personer för deras bidrag och tillstånd att återge material:

Omslag: **Flicka med pärlörhänge** © SuperStock/Alamy. Se sid. 30–31, 42–43, 64–65. Sid. 1: se sid. 20–21. Sid. 2–3: se sid. 52–53. Sid 6–7: se sid. 42–43. Sid 8–9: **Arnolfinis trolovning** © **National Gallery, London**. **Man i röd turban** © **National Gallery, London**. Sid. 10–11: **Våren** (**Uffizierna, Florens**) © Summerfield Press/Corbis. Sid. 12–13: **Sankt Göran och draken** © **Louvren, Paris**/Giraudon/Bridgeman Art Library. Sid. 14–15: **Mona Lisa** (**Louvren, Paris**) © Gianni Dagli Orti/Corbis. Sid. 16–17: **Adams skapelse** (**Vatikanens museum, Vatikanstaten, Rom**) © Gallery Collection/Corbis. **Yttersta domen** (detalj) © **Vatikanens museum, Vatikanstaten, Rom**/Alinari/Bridgeman Art Library. Sid. 18–19: **Sixtinska kapellets tak** © **Vatikanens museum, Vatikanstaten, Rom**/Bridgeman Art Library. Sid. 20–21: **Hovdamerna** © Photo Scala, Florens/**Pradomuseet, Madrid**. Sid. 22–23: **Gården till ett hus i Delft** © **National Gallery, London**. Sid. 24–25: Rembrandts **Självporträtt** © Iveagh Bequest, **Kenwood House, London**/Bridgeman Art Library. Sid. 26–27: **Flicka med pärlörhänge** (**Mauritshuis, Hague**) © Francis G. Mayer/Corbis. Sid. 28–29: **Mr & Mrs Andrews** © **National Gallery, London**. Sid. 30–31: **Den stora vågen** (kopior på flera museer, bl.a. **Metropolitan Museum, New York** & **British Museum, London**) © Historical Picture Archive/Corbis. Sid. 32–33: **"Fighting Temeraire"** © **National Gallery, London**. Sid. 34–35: **Ofelia** © Art Archive/**Tate Britain, London**/Eileen Tweedy. Sid. 36–37: **Dans på Moulin de la Galette** © **Orsaymuseet, Paris**/Giraudon/Bridgeman Art Library. Sid. 38–39: **Baren på Folies-Bergère** © Samuel Courtauld Trust, **Courtauld Institute of Art Gallery, London**/Bridgeman Art Library. Sid. 40–41: **Söndag i La Grande Jatte** (**Art Institute of Chicago**) © Gallery Collection/Corbis. Sid. 42–43: **Solrosor** © **Philadelphia Museum of Art**/Corbis. Van Goghs **Självporträtt** © Samuel Courtauld Trust, **Courtauld Institute of Art Gallery, London**/Bridgeman Art Library. Sid. 44–45: **Blå dansare** (**Orsaymuseet, Paris**) © Art Archive/Corbis. Sid. 46–47: **Skriet** © **National Museum of Art, Architecture & Design, Oslo**/Munchmuseet/Munch-Ellingsen Group, BONO, Oslo/DACS, London 2009; foto: Jacques Lathion. Sid. 48–49: **Kyssen** (**Belvedere, Wien**) © Photo Austrian Archive/Scala, Florens. Sid. 50–51: **Harmoni i rött** (**Eremitaget, St. Petersburg**) © Succession H. Matisse/DACS 2009; foto: Archives Matisse. Sid. 52–53: **Näckrosor** © **Orangerie Museum, Paris**/Lauros/Giraudon/Bridgeman Art Library. Foto av Giverny © Steven Vidler/Eurasia Press/Corbis. Sid. 54–55: **Gul - röd - blå** © **National Museum of Modern Art, Paris**/Peter Willi/Bridgeman Art Library/ADAGP, Paris & DACS, London 2009. Sid. 56–57: **Oriental Poppies** © Collection of **Frederick R. Weisman Museum at University of Minnesota, Minneapolis**; Museum Purchase/Georgia O'Keeffe Museum/DACS, London 2009. Sid. 58–59: **Amerikansk gotik** © **Art Institute of Chicago**/Bridgeman Art Library/All Rights Reserved by the Estate of Nan Wood Graham/Licensed by VAGA, New York, NY. Foto av huset © Tom Bean/Corbis. Sid. 60–61: **Minnets envishet** © Digital image, **Museum of Modern Art, New York**/Scala, Florens; © Salvador Dali, Gala-Salvador Dali Foundation/DACS, London 2009. Sid. 62–63: **Guernica** © **Museo Reina Sofía, Madrid**/Bridgeman Art Library/Succession Picasso/DACS, London 2009. Foto av Guernica © Bettmann/Corbis. Sid. 64–65: **Självporträtt** (**National Museum of Modern Art, Paris**) © INBA, Mexico & 2009 Banco de Mexico Diego Rivera & Frida Kahlo Museum Trust, Mexico D.F./DACS, London 2009; foto © Photo CNAC/MNAM, Dist. RMN/Jean-Claude Planchet. Foto av Kahlo © Bettmann/Corbis. Sid. 66–67: **Nattugglor** (**Art Institute of Chicago**) © Francis G. Mayer/Corbis. Sid. 68–69: **Nummer 6** © **Museum of Fine Arts, Houston**/D. & J. de Menil Fund/Bridgeman Art Library/Pollock-Krasner Foundation/ARS, New York & DACS, London 2009. Sid. 70–71: **Relativitet** (kopior på flera museer, bl.a. **Metropolitan Museum, New York**) © 2008 M.C. Escher Company-Holland; All Rights Reserved; www.mcescher.com. Sid. 72–73: **Golconda** © **Menil Collection, Houston**/Lauros/Giraudon/Bridgeman Art Library/ADAGP, Paris & DACS, London 2009. Sid. 74–75: **Fallet** (**Tate Modern, London**) © 2009 Bridget Riley; All Rights Reserved. Sid. 76–77: **Marilyn** (kopior på flera museer, bl.a. **Museum of Modern Art, New York**) © Andy Warhol Foundation/Corbis. Sid. 78–79: **Mr & Mrs Clark & Percy** © David Hockney; digital image © **Tate Gallery, London** 2009.

Första gången utgiven av Usborne Publishing Ltd 2009. Originalets titel: The Usborne Book Of Famous Paintings

Tryckt i Kina 2015